Deutsch Pirat

3. Klasse
Aufsatz, Leseverständnis

Birgit Kölmel

Die Autorin:
Birgit Kölmel, Grund- und Werkrealschullehrerin in Baden-Württemberg, Autorin von Lernhilfen für verschiedene Fächer

Projektbetreuung: bookwise medienproduktion GmbH, München
Redaktion: bookwise medienproduktion GmbH, München
Layout: Cordula Schaaf
Illustrationen: Christoph Grundmann, Darmstadt
Umschlaggestaltung: Bettina Lindenberg, München, nach Entwürfen von init, Büro für Gestaltung, Bielefeld

Der Zugriff auf das Online-Portal www.deutschpirat.de ist gewährleistet bis 2017.

Umwelthinweis: Gedruckt auf chlorfrei gebleichtem Papier

www.langenscheidt.de
www.deutschpirat.de
http://info.deutschpirat.de

Satz: Carsten Klein, München
Gesamtherstellung: Stürtz GmbH, Würzburg

Printed in Germany
ISBN 978-3-468-60007-4

14010

INHALTSVERZEICHNIS

1 WORTSCHATZ, AUSDRUCK, STIL

Passende Adjektive

Mit den passenden **Adjektiven** (Wiewörtern) kannst du deinen Aufsatz interessanter gestalten. Außerdem helfen sie dir, Situationen genauer zu beschreiben und dich treffender auszudrücken.
Adjektive kannst du auch mit **Nomen** (Namenwörtern) zusammensetzen.
gelb wie eine **Zitrone**: **zitronengelb**
Dann schreibt man sie klein.

ÜBUNG 1

PUNKTE 7

Setze die passenden Adjektive (Wiewörter) ein.

grüne	hell	hoch	laut
offenen	perfekter	schnell	

Clara rennt .... über die .... Wiese. Ihre Zöpfe fliegen .... in die Luft und ihr Kleid weht im Wind. Die Sonne scheint .... vom Himmel, es ist ein .... Tag. Und da vorne steht ihr Papa, der sie mit .... Armen empfängt. Vor Freude lacht Clara .... auf.

ÜBUNG 2

PUNKTE 4

Welches Adjektiv (Wiewort) passt? Schreibe in die Lücke.

leckere	spannende	niedliche	enge

die .... Gasse

das .... Buch

das .... Hundebaby

der .... Kuchen

Weiterüben: www.deutschpirat.de · Benutzername: deutsch3-100, Passwort: schreibfit

ÜBUNG 3

PUNKTE 5

Welches Adjektiv (Wiewort) passt? Kreuze an.

Tara entscheidet sich für die ... Katze.

❑ aalglatte ❑ himmelblaue ❑ verkehrssichere
❑ schwarz gestreifte ❑ geschlossene

ÜBUNG 4

PUNKTE 4

Schreibe die zusammengesetzten Adjektive (Wiewörter) in die Lücken.
***Wichtig:* Auch zusammengesetzte Adjektive schreibt man klein!**

hoch wie ein Haus: ....

schnell wie der Blitz: ....

schwarz wie Pech: ....

scharf wie ein Messer: ....

ÜBUNG 5

PUNKTE 5

Schreibe das passende zusammengesetzte Adjektiv (Wiewort) in den Satz.

startbereit mannshohe rabenschwarz spindeldürre kampferprobten

Die Nacht ist ...., das Piratenschiff ....

Sogar die alten, ... Piraten sind aufgeregt, wenn sie zu

neuen Abenteuern aufbrechen. Die .... Flagge wird

gehisst, ein Kanonenschlag zerreißt die Stille. Tom, der ....

Pirat, erschrickt. Nun geht es also los!

Nur ein Wort

Mit **zusammengesetzten Nomen** (Namenwörtern) kannst du Gegenstände kurz und treffend beschreiben.
ein **Heft** zum **Schreiben**: ein **Schreibheft**

ÜBUNG 1

PUNKTE 4

Welches zusammengesetzte Nomen (Namenwort) ist gemeint? Schreibe es an die richtige Stelle.

Holztisch	Sonnenschirm	Schreibtisch	Stehlampe

ein Tisch, den man zum Schreiben benutzt: ....

eine Lampe, die steht: ....

ein Tisch aus Holz: ....

ein Schirm gegen das Sonnenlicht: ....

ÜBUNG 2

PUNKTE 4

Schreibe das gesuchte zusammengesetzte Nomen (Namenwort) auf.

ein Feld, auf dem Fußball gespielt wird: ....

eine Hose, die man zum Sport anzieht: ....

ein Schläger, mit dem man Tennis spielt: ....

Schützer für die Knie: ....

Weiterüben: www.deutschpirat.de · Benutzername: deutsch3-100, Passwort: schreibfit

ÜBUNG 3

PUNKTE 5

Schreibe das passende zusammengesetzte Nomen (Namenwort) in die Lücke.

Kaninchen-stall	Futternapf	Zwerg-kaninchen	Wasser-flasche	Zoohandlung

Endlich bekommt Chiara ein Kaninchen. Sie geht mit ihren Eltern in die

.... In einem .... sitzen sechs

Tiere. Chiara darf sich eines davon aussuchen. Sie nimmt ein kleines weißes

....................................., das sie sofort in ihr Herz geschlossen hat. Außerdem

kaufen ihre Eltern noch eine .... zum Trinken sowie

einen ...., in den sie das Obst und Gemüse legen kann.

Glücklich fährt Chiara mit ihren Eltern und ihrem neuen Liebling nach Hause.

ÜBUNG 4

PUNKTE 8

Welche Nomen (Namenwörter) kannst du mit den Nomen in der Tabelle zusammensetzen? Schreibe das ganze Wort in die richtige Spalte.

Flasche	Hut	Nixe	Ball	Milch	Glas	Schirm	Schutz

Sonne(n)	Wasser
....	....
....	....
....	....

Gesamtpunktzahl: PUNKTE 21 Erreichte Punktzahl:

Wörter mit ähnlicher Bedeutung

Unter einem **Wortfeld** versteht man mehrere Wörter, die eine gleiche oder ähnliche Bedeutung haben. Alle Wörter gehören derselben Wortart an.
Du solltest so viele Wortfelder wie möglich kennen. Damit machst du deinen Aufsatz interessant, weil du genauer beschreiben kannst. Außerdem vermeidest du Wortwiederholungen.
Wortfeld *schlafen*: dösen, pennen, nächtigen, ruhen, schlummern

ÜBUNG 1

PUNKTE 4

Welches Wort aus dem Wortfeld *essen* passt am besten? Schreibe es in die Lücke.

frisst	knabbert	nagt	nascht

Sarah .... heimlich Schokolade. Das Schwein .... aus dem Trog.

Opa .... seine Lieblingschips. Der Hund .... an seinem Knochen.

ÜBUNG 2

PUNKTE 5

Was kann man für *putzen* auch schreiben? Kreuze an. (Es kann auch mehrere richtige Antworten geben!)

- ❏ säubern
- ❏ anschalten
- ❏ einfädeln
- ❏ reinigen
- ❏ schrubben

Weiterüben: www.deutschpirat.de · Benutzername: deutsch3-100, Passwort: schreibfit

ÜBUNG 3

PUNKTE 4

Welches Wort ist gemeint? Schreibe es hinter die Beschreibung.

treffen besichtigen entdecken beobachten

Etwas lange ansehen, um herauszufinden, was genau vor sich geht:

....

Jemanden sehen, den man kennt: ....

Eine Sehenswürdigkeit anschauen: ....

Etwas zufälligerweise sehen: ....

ÜBUNG 4

PUNKTE 5

Welche Wörter haben eine ähnliche Bedeutung wie das Wort *Wiese*?
Kreuze alle richtigen Wörter an.

❑ Gras ❑ Spielplatz ❑ Sportfeld ❑ Rasen ❑ Grünplatz

ÜBUNG 5

PUNKTE 5

Immer zwei Wörter haben eine ähnliche Bedeutung.

Sessel Krug Laken Kübel Couch

Sofa - .... Stuhl - .... Bettdecke - ....

Eimer - .... Kanne - ....

Wortbausteine

Wortbausteine verändern die Bedeutung von Wörtern. Damit du in deinem Aufsatz auch genau das ausdrücken kannst, was du möchtest, solltest du die wichtigsten Wortbausteine kennen und verstehen.

ÜBUNG 1

PUNKTE 4

Schreibe die richtigen Wortbausteine in die Lücken.

auf	durch	weg	aus

Übers Wochenende wird die Lehrerin uns wohl keine Hausaufgaben

..........geben.

Mein Taschengeld will ich nicht nur für Süßigkeiten ....geben.

Unter diesem Hindernis kann man ....laufen.

Wenn ein Monster auftaucht, werden wir schnell ....laufen.

ÜBUNG 2

PUNKTE 5

In welchen Sätzen wurden die richtigen Wortbausteine benutzt? Kreuze alle richtigen Antworten an.

❑ Ich vergebe dir.
❑ Kannst du mir eins von deinen Bonbons zugeben?
❑ Du musst nicht immer gleich aufgeben!
❑ Kannst du dich in meine Situation wegfühlen?
❑ Ich kann nachfühlen, wie es dir geht.

Weiterüben: www.deutschpirat.de · Benutzername: deutsch3-100, Passwort: schreibfit

ÜBUNG 3

PUNKTE 4

Schreibe die fehlenden Wortbausteine in die Lücken.

ab	er	um	ver

So ein Mist, jetzt habe ich mich ....fahren.

Pass auf, du willst sicher niemanden ....fahren!

Hoffentlich werden wir an der richtigen Ausfahrt ....fahren.

Du wirst unser Geheimnis schon noch ....fahren!

ÜBUNG 4

PUNKTE 4

Schreibe die fehlenden Wortbausteine in die Lücken.

ab	auf	ver	zu

Das ist falsch. Du hast dich sicher ....hört.

Wenn du richtig ....hören würdest, würdest du bestimmt nicht so viele Fehler machen!

Ich muss lernen, unser Lehrer will uns morgen ....hören.

Leider muss ich mit meinen Klavierstunden ....hören. Ich habe einfach keine Zeit mehr zum Üben.

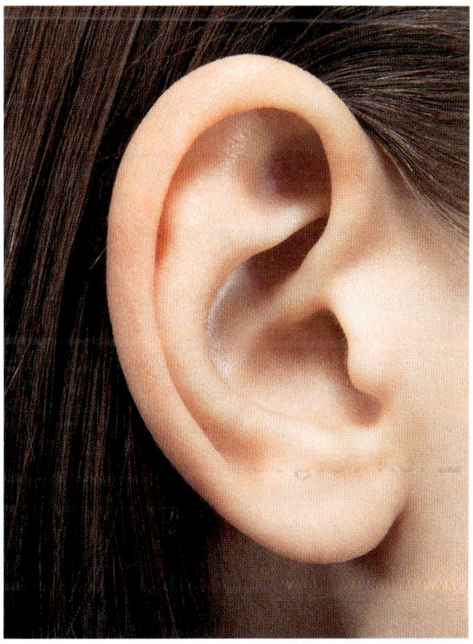

Lösungsheft S. 4 Gesamtpunktzahl: PUNKTE 17 Erreichte Punktzahl:

Einen Gegenstand beschreiben

Um einen **Gegenstand** zu beschreiben, musst du ihn dir ganz genau anschauen. Schreibe dann auf, welche Form und Farbe er hat und ob es Besonderheiten gibt. Wichtig ist auch, wie sich der Gegenstand anfühlt und aus welchem Material er ist.
Beschreibe den Gegenstand so genau, dass sich jemand, der ihn nicht kennt, vorstellen kann, wie er aussieht.

ÜBUNG 1

PUNKTE 5

Was trifft alles auf die Schatztruhe zu? Kreuze die richtigen Antworten an.

- ❏ Sie ist aus braunem Holz.
- ❏ Sie ist aus schwarzem Plastik.
- ❏ Sie hat silberfarbene Beschläge.
- ❏ Sie hat schwarze Beschläge.
- ❏ Der Deckel ist abschließbar.

ÜBUNG 2

PUNKTE 6

Wie fühlen sich die Gegenstände an? Schreibe die passenden Begriffe an die richtige Stelle.

Wackelpudding | Messer | Buchdeckel | Kissen | Stein | Feile

glatt: ....   rau: ....

weich: ....   hart: ....

scharf: ....   glitschig: ....

Weiterüben: www.deutschpirat.de · Benutzername: deutsch3-200, Passwort: schreibfit

ÜBUNG 3

PUNKTE 8

Streiche die falschen Wörter durch.

Die Karte wurde auf braunes I weißes Pergamentpapier gezeichnet. Ihre Ränder sind glatt / gezackt. In der linken / rechten unteren Ecke der Karte ist eine Kompassrose eingezeichnet, die die Himmelsrichtungen anzeigt. Darüber sieht man Wellen und kleine Häuser / Schiffe. Wiederum darüber findet man eine regelmäßig / unregelmäßig umrahmte Fläche. Es handelt sich vermutlich um einen See / eine Insel. Darauf findet man Landschaften wie Berge und Wälder. Von einem roten Punkt am Rand der Fläche führt eine rot gestrichelte / gepunktete Linie zu einem roten Kreuz am Rande eines Berges / Waldes. Wahrscheinlich ist dort der Schatz vergraben.

ÜBUNG 4

PUNKTE 5

Schreibe die passenden Wörter in die Lücken.

Die Farbe des Griffe der Federballschläger: ....

Die Farbe des Rahmens der Schläger: .... und ....

Die Farbe der Bespannung der Schläger: ....

Die Farbe des Federballs: ....

Lösungsheft S. 5 Gesamtpunktzahl: PUNKTE 24 Erreichte Punktzahl:

Eine Person beschreiben

Sicher hast du schon einmal einen Steckbrief über dich geschrieben.
Das ist auch eine Art **Personenbeschreibung**.
Meistens schreibt man aber über andere Personen. Dann nennt man ihr Alter und ihre Größe, beschreibt ihre Haare, ihr Gesicht, ihre Kleidung und alles andere, was man an dieser Person sehen kann.

ÜBUNG 1

PUNKTE 12

Schreibe die richtigen Wörter in die richtigen Spalten.

Hut	Gürtel	dick	Hände	Stiefel	Nase
Zähne	Lippen	Pullover	schlank	Bauch	Schnurrbart

Körper	Gesicht	Kleidung
....	....	....
....	....	....
....	....	....
....	....	....

ÜBUNG 2

PUNKTE 5

Piratin Kira taucht nach dem Schatz!
Kreuze alles an, was zu dem Bild passt.

- ❏ Kira trägt kein Kopftuch, ihre roten Haare sind offen.
- ❏ Von rechts nähert sich ein hungriger Hai.
- ❏ Leider ist die Schatzkiste offenbar leer.
- ❏ Ein paar kleine Fische scheinen neugierig zuzuschauen.
- ❏ Kira hat einen Taucheranzug an.

Weiterüben: www.deutschpirat.de · Benutzername: deutsch3-200, Passwort: schreibfit

ÜBUNG 3

PUNKTE 8

Schau dir das Bild an und streiche die falschen Wörter durch.

Der Piratenjunge Jonny ist etwa 10 | 18 Jahre alt.

Er hat eine kurze | lange graubraune | schwarze Hose an, die er vermutlich selbst abgeschnitten hast. Sein T-Shirt hat gelbe | rote und weiße | blaue Streifen.

Auf dem Kopf trägt er ein rotes | lilafarbenes Kopftuch, das er hinten | vorne zusammengebunden hat.

Jonny muss das Deck schrubben, worüber er sich offenbar ärgert | freut.

ÜBUNG 4

PUNKTE 5

Was passt zu dem Mädchen auf dem Fahrrad? Schreibe die richtigen Wörter an die richtige Stelle.

rot   T-Shirt   schlank   Schuhe   rot

Haarfarbe: ....

.......................: gelb

Rock: ....

..............................: weiß

Körperform: ....

Lösungsheft S. 6   Gesamtpunktzahl: PUNKTE 30   Erreichte Punktzahl:

Bericht: Schreibstil

Ein **Bericht** informiert sachlich über ein Ereignis, das stattgefunden hat.
Umgangssprache hat in einem Bericht nichts verloren.
Ein Bericht wird immer im **Präteritum** (in der Vergangenheit) geschrieben.

ÜBUNG 1

PUNKTE 5

Kreuze die richtigen Antworten an.

Diese Sätze sind sachlich geschrieben:

❏ Der Autofahrer fuhr bei roter Ampel auf die Kreuzung.
❏ Dabei stieß er mit einem anderen Autofahrer zusammen.
❏ Volle Kanne fuhr der Autofahrer über Rot.
❏ Das hat echt geschepppert!
❏ Es entstand ein hoher Sachschaden.

ÜBUNG 2

PUNKTE 4

Hier wurden leider nicht alle Sätze im Präteritum (in der Vergangenheit) geschrieben. Markiere alle falschen Wörter.

Die Klasse 3a verbrachte drei Tage auf einer Hütte. Sie wanderten jeden Tag einige Kilometer. Zweimal gehen sie ins Schwimmbad und an einem Tag besuchen sie einen Streichelzoo. Obwohl sie früh aufstehen mussten, sind sie nie müde. Jeder Tag war ein aufregendes Erlebnis. Der Aufenthalt geht viel zu schnell vorbei.

Weiterüben: www.deutschpirat.de · Benutzername: deutsch3-200, Passwort: schreibfit

ÜBUNG 3

PUNKTE 12

Sortiere die Wörter in die Spalten.

flink	kollidieren	Karambolage	fluchtartig
anfahren	Zusammenstoß	auffahren	rasant
rasch	zusammenprallen	Missgeschick	Unglück

Wörter für *zusammenstoßen*	Wörter für *schnell*	Wörter für *Unfall*
....	....	....
....	....	....
....	....	....
....	....	....

ÜBUNG 4

PUNKTE 3

Schreibe die Sätze im Präteritum (in der Vergangenheit) auf.

Der Radfahrer kollidiert mit dem Hund.

....

Das Auto fährt auf das andere Fahrzeug auf.

....

Die Dame alarmiert die Polizei.

....

Lösungsheft S. 7

Gesamtpunktzahl: PUNKTE 24 Erreichte Punktzahl:

Bericht: Inhalt

Der Bericht gibt Antworten auf wichtige Fragen, die **W-Fragen**:

Wo passierte es?	**Wann** passierte es?
Wer war beteiligt?	**Was** passierte?
Wie passierte es?	**Welche** Folgen hatte es?

Nach diesen Fragen wird der Bericht gegliedert.

ÜBUNG 1

PUNKTE 3

Markiere im Bericht die Antwort auf die Frage *Wer?* mit gelb, *Wo?* mit rot und *Wann?* mit blau.

Vor zwei Tagen gerieten in Weitfelden zwei Hundebesitzer in Streit. Nachdem sich der Hund des einen Mannes von der Leine losgerissen hatte und auf den Terrier des zweiten Hundebesitzers losgegangen war, beschimpften sich auch die beiden Männer. Dabei kam es zu Handgreiflichkeiten, für die sich die Hundefreunde nun vor Gericht verantworten müssen.

ÜBUNG 2

PUNKTE 3

Ordne die Satzteile den passenden W-Fragen zu.

die Fußballmannschaft und der Schiedsrichter	
auf dem Sportplatz	am gestrigen Nachmittag

Wo: ....

Wann: ....

Wer: ....

Weiterüben: www.deutschpirat.de · Benutzername: deutsch3-200, Passwort: schreibfit

ÜBUNG 3

PUNKTE 3

Auf welche Frage geben die Sätze Antwort? Schreibe die richtigen Fragen hinter die Sätze.

Was?	Welche Folgen?	Wie?

Die Fußballer gingen auf den Schiedsrichter los. ....

Der Schiedsrichter hatte ein Foul übersehen. Daraufhin beleidigten die Fußballspieler ihn und wurden ausfällig. ....

Der Fußballmannschaft wurde ein Spielverbot für die ganze Saison erteilt. ....

ÜBUNG 4

PUNKTE 8

Schreibe in die richtige Spalte.

auf der Treppe	etwas später	auf dem Bauernhof
gestern Abend	direkt gegenüber	an der Ampel
letzte Woche	nur wenige Sekunden danach	

Ortsangabe	Zeitangabe
....	....
....	....
....	....
....	....

3 REIZWORTGESCHICHTE, BILDERGESCHICHTE

Reizwortgeschichte: Aufbau

Bei einer **Reizwortgeschichte** bekommst du Wörter, die du in deine Geschichte einbauen sollst. Um was es dann in der Geschichte geht, ist deiner eigenen Fantasie überlassen. Setze dich am besten zuerst einmal hin und überlege, was dir alles zu den Reizwörtern einfällt. Notiere dir Stichwörter.
Schreibe dann deine Geschichte mit Einleitung, Hauptteil, Höhepunkt und Schluss. Eine spannende Überschrift darf natürlich nicht fehlen! Verteile die Reizwörter über die ganze Erzählung und benutze nicht alle gleich am Anfang.

ÜBUNG 1

PUNKTE 5

Ordne den Bestandteilen einer Geschichte deren richtige Bedeutung zu.

Bestandteile einer Geschichte	Bedeutung der Bestandteile
Überschrift	ausführlich, richtige Reihenfolge
Einleitung	Geschichte wird abgeschlossen
Hauptteil	spannendster Teil
Höhepunkt	Antwort auf *Wer? Wo? Wann?*
Schluss	macht neugierig

ÜBUNG 2

PUNKTE 5

Welche Sätze stimmen für die Reizwortgeschichte?
Kreuze alle richtigen Antworten an.

- ❑ Die Reizwörter müssen alle in der Einleitung vorkommen.
- ❑ Der Höhepunkt ist das Ende des Hauptteils.
- ❑ Es darf keine wörtliche Rede verwendet werden.
- ❑ Die Überschrift muss neugierig machen, darf aber nicht zu viel verraten.
- ❑ Der Schluss ist genauso lang wie der Hauptteil.

Weiterüben: www.deutschpirat.de · Benutzername: deutsch3-300, Passwort: schreibfit

ÜBUNG 3 (Punkte: 4)

Hier siehst du einige Vorüberlegungen zu den Reizwörtern *Schlitten - Baum - Unglück*. Schreibe die passenden Antworten hinter die Fragen.

auf dem Hügel neben dem Haus	Max fährt auf Baum, Krankenwagen muss geholt werden, Daumen ist gebrochen
lustig, Kinder haben Spaß	Max und zwei Freunde

Wer fährt Schlitten? ....

Wo fahren sie Schlitten? ....

Wie ist die Schlittenfahrt? ....

Was für ein Unglück passiert? ....

....

ÜBUNG 4 (Punkte: 6)

Hier siehst du ein paar Vorüberlegungen zu den Reizwörtern *Aufzug - Kind - Schreck*. Schreibe die passenden Antworten hinter die Fragen.

im Kaufhaus	Nette Frau bringt Kind zurück	Oma mit kleinem Enkelkind
Schreck und Angst	Oma wird aufgehalten, ist unaufmerksam	Kind allein im Aufzug

Wo? ....

Wer? ....

Was passiert? ....

Wie passiert es? ....

Welche Gefühle? ....

Schluss? ....

Lösungsheft S. 9 Gesamtpunktzahl: 20 Erreichte Punktzahl:

Sätze interessanter gestalten

Du kannst **interessanter schreiben**, wenn deine Sätze nicht alle denselben **Satzbau** haben. Denke daran, sie immer mal wieder umzustellen. **Nomen** kannst du durch **Personalpronomen** oder andere passende Wörter ersetzen. Manchmal kann man Sätze auch mit **Bindewörtern** (und, weil) aneinanderfügen. Bei Sätzen, die zu lang sind, solltest du öfter ein **Satzschlusszeichen** setzen.

ÜBUNG 1

PUNKTE 2

Ersetze im zweiten Satz *Das Hündchen* durch das entsprechende Personalpronomen und schreibe den Satz auf.

Das Hündchen freute sich, als es mich sah.
Das Hündchen raste sofort auf mich zu.

....

ÜBUNG 2

PUNKTE 3

Bilde aus diesem langen Satz drei kürzere Sätze, indem du Punkte setzt. Schreibe die Sätze auf.
***Achtung:* Die Bindewörter fallen dann weg!**

Ich freue mich sehr über meinen Hund, endlich habe ich jemanden zum Spielen und er macht alles mit.

....

....

....

Weiterüben: www.deutschpirat.de · Benutzername: deutsch3-300, Passwort: schreibfit

ÜBUNG 3

PUNKTE 2

Stelle den zweiten Satz um wie vorgegeben.

Das Hündchen sprang an mir hoch.
Das Hündchen wirkte richtig glücklich!

Richtig ....

ÜBUNG 4

PUNKTE 3

Schreibe die passenden Bindewörter in die Lücken.

und aber weil

Hunde sind meine Lieblingstiere, ... man alles mit ihnen machen kann.

Man kann mit ihnen spielen .... kuscheln. Mein Hündchen ist sehr

geduldig, ... manchmal wird es selbst ihm zu viel.

ÜBUNG 5

PUNKTE 3

Schreibe das passende Bindewort in die Lücke.

aber und weil

Katzen sind toll, ... sie sind unberechenbarer als Hunde. Man kann

nicht immer mit ihnen spielen, ... sie manchmal keine Lust dazu

haben. Meine Tante hat zwei Katzen .... auch noch zwei Hunde.

Gesamtpunktzahl: PUNKTE 13 Erreichte Punktzahl:

Bildergeschichte: Aufbau

Sieh die **Bilder** in aller Ruhe an. Überlege dir auch, was vor und nach den einzelnen Bildern geschehen könnte. Erzähle dir **die ganze Geschichte** zuerst im Stillen, bevor du sie aufschreibst.
Eine **Bildergeschichte** lebt auch von der **wörtlichen Rede**. Mach dir daher Gedanken, was die Personen auf dem Bild wohl sagen oder denken könnten.

ÜBUNG 1

PUNKTE 5

Was könnte *nach* diesem Bild wohl passieren? Kreuze alle richtigen Antworten an.

- ❏ Der Piratenjunge Jonny fängt einen riesigen Fisch.
- ❏ Jonny geht ins Kino.
- ❏ Jonny fällt ins Wasser, weil ein Fisch heftig an der Angel zappelt.
- ❏ Das Ungeheuer von Loch Ness taucht auf.
- ❏ Jonny fängt nichts und gibt genervt auf.

ÜBUNG 2

PUNKTE 5

Was könnte einer der beiden auf dem Bild wohl sagen? Kreuze alle richtigen Antworten an.

- ❏ „Bäh - ich hasse Spaghetti!"
- ❏ „Die Nudeln sind noch ziemlich heiß!"
- ❏ „Guten Appetit!"
- ❏ „Schlaf gut!"
- ❏ „Du hast wieder super lecker gekocht!"

Weiterüben: www.deutschpirat.de · Benutzername: deutsch3-300, Passwort: schreibfit

ÜBUNG 3

PUNKTE 5

Was könnte das Mädchen auf dem Bild wohl denken?
Kreuze alle richtigen Antworten an.

- ❑ „Gleich regnet es!"
- ❑ „Super Musik!"
- ❑ „Hoffentlich ruft mich jetzt niemand!"
- ❑ „Endlich mal ein bisschen Zeit für mich!"
- ❑ „Die Musik mag ich gar nicht!"

ÜBUNG 4

PUNKTE 6

Welche Wörter passen?
Streiche die falschen Wörter durch.

Zufrieden | Genervt liest Tom ein Buch. Es ist ein spannendes | langweiliges Buch und er will unbedingt wissen, wie es weitergeht. Er hat es sich auf dem Boden | Bett gemütlich gemacht, das Gesicht | die Haare in seine Hände | Füße gestützt. „Hoffentlich stört mich jetzt keiner", denkt er noch, bevor er sich wieder in seine Geschichte | Musik vertieft.

Lösungsheft S. 11 Gesamtpunktzahl: PUNKTE 21 Erreichte Punktzahl:

Mimik und Gestik

Bei einer Bildergeschichte ist es wichtig, dass du dir die Personen auf den Bildern ganz genau ansiehst. Häufig verrät ihre **Körperhaltung** oder ihr **Gesichtsausdruck**, wie es der Person geht. Das kannst du für deine Geschichte nutzen, indem du **Stimmungen und Gefühle** beschreibst oder sie durch **wörtliche Rede** ausdrückst.

ÜBUNG 1

PUNKTE 5

Betrachte das Bild und kreuze dann alle richtigen Antworten an.

Das Mädchen auf dem Bild ...

- ❑ ist in guter Stimmung.
- ❑ ist verärgert.
- ❑ ist traurig.
- ❑ erzählt von etwas Schönem.
- ❑ erzählt von einer schlimmen Erfahrung.

ÜBUNG 2

PUNKTE 5

Betrachte das Bild und kreuze dann alle richtigen Antworten an.

Das Mädchen auf dem Bild ...

- ❑ hat Spaß am Fußballspiel.
- ❑ ärgert sich, weil sie Fußball spielen muss.
- ❑ ist sehr sportlich.
- ❑ will das Spiel gewinnen.
- ❑ ist müde.

Weiterüben: www.deutschpirat.de · Benutzername: deutsch3-300, Passwort: schreibfit

ÜBUNG 3

PUNKTE 9

Entscheide dich für die richtigen Wörter.

Das Mädchen auf dem Bild isst genüsslich | widerwillig ein Waffeleis. Sie hat sich zwei | drei Kugeln gekauft: Schokolade, Vanille und Erdbeere | Banane. Es scheint ein kalter | heißer Tag zu sein. Das Mädchen hat ein T-Shirt | einen Pullover und eine rote | blaue Hose an. Hinter ihr plätschert ein Springbrunnen | Bach. Die Stimmung auf dem Bild wirkt friedlich | hasserfüllt und das Mädchen sieht unzufrieden | zufrieden aus.

ÜBUNG 4

PUNKTE 10

Entscheide dich für die richtigen Wörter.

Der Junge und das Mädchen auf dem Bild haben ein Lagerfeuer | Kaminfeuer gemacht. Über diesem Feuer grillen sie Würstchen | Hähnchen.
Es scheint etwas kühl | ziemlich warm zu sein, denn das Mädchen hat sich eine Decke | Mütze über die Schultern gelegt.
Das Feuer verbreitet eine gemütliche | ungemütliche Stimmung.
Den beiden Kindern scheint es gut | nicht gut zu gehen, sie sitzen nebeneinander | einander gegenüber und scheinen sich zu mögen | nicht zu mögen. Offenbar war es geplant | nicht geplant, das Lagerfeuer zu machen. Die Würstchen haben sie wohl von zu Hause mitgebracht | im Wald gefunden.

Lösungsheft S. 12 Gesamtpunktzahl: PUNKTE 29 Erreichte Punktzahl:

4 ERLEBNISERZÄHLUNG

Satzanfänge

Wichtig für eine gute Erlebniserzählung sind **abwechslungsreiche Satzanfänge**. Hiervon gibt es eine große Auswahl.
Versuche, dir einige davon zu merken. Das wird deiner Geschichte guttun.
Ganz wichtig: Beginne **nie** einen Satz mit **Und**!

ÜBUNG 1

PUNKTE 5

In der Wörterschlange haben sich 5 Satzanfänge versteckt. Markiere sie.

MJUIJETZTGRFDESBEVORLOKUHSPÄTERGTZTRDNUNLOPKHPLÖTZLICH

ÜBUNG 2

PUNKTE 4

Huch, hier wurden die Buchstaben vertauscht! Schreibe die Satzanfänge richtig.

endießschlAn: ....

endZwischurch: ....

chiEndl: ....

chaDan: ....

ÜBUNG 3

PUNKTE 3

Drei Satzanfänge sind nicht passend. Markiere sie.

David und seine Mutter fuhren mit der Straßenbahn in die Stadt. David durfte sich ein Videospiel kaufen. Aber außerdem brauchte er neue Hosen. Zum Schluss legte die Straßenbahn eine Vollbremsung hin. David und seine Mutter konnten sich gerade noch festhalten. „Was war das?", fragte David seine Mutter. Diese zuckte nur ahnungslos mit den Schultern. Zwischendurch fuhr die Bahn schon wieder weiter. Darüber war David froh, denn er wollte nicht noch länger auf sein Videospiel warten.

Weiterüben: www.deutschpirat.de · Benutzername: deutsch3-400, Passwort: schreibfit

ÜBUNG 4

PUNKTE 4

Schreibe die passenden Satzanfänge in die Lücken.

Kurze Zeit später   Am Ende   In diesem Moment   Plötzlich

Es war ein schöner warmer Sommertag. Emma und ihre beiden Freundinnen lagen auf der Wiese. .... begann es leise zu donnern. Emma sprang auf: „Was war das?", fragte sie ängstlich. Ihre Freundinnen beruhigten sie: „Das war nur ein kleines Donnergrollen, wird bestimmt bald aufhören." .... donnerte es wieder. Dieses Mal lauter und näher. „Mir reicht's, ich gehe jetzt!", rief Emma panisch und begann, ihre Sachen zusammenzupacken. „Du bist vielleicht ein Angsthase", riefen ihre Freundinnen. .... prasselte der Regen auf sie nieder. Die Mädchen sprangen auf und stellten sich in einem Schuppen unter, bis der Regen vergangen war. Auch der Donner hatte sich verzogen und der Himmel strahlte in seinem schönsten Blau. Emma sagte: „Darauf ein Eis!" .... wurde es wieder ein toller Sommertag!

ÜBUNG 5

PUNKTE 8

Sortiere die passenden Wörter in die Spalten.

In diesem Augenblick   Auf einmal   Plötzlich   Da
Nachher   Zwischendurch   Zum Schluss   Kurze Zeit später

Satzanfänge, die Spannung erzeugen	Satzanfänge, die eine zeitliche Reihenfolge ausdrücken
....	....
....	....
....	....
....	....

Lösungsheft S. 13   Gesamtpunktzahl: PUNKTE 24   Erreichte Punktzahl:

Sätze am Anfang und zum Schluss

Ein richtig **guter erster Satz** ist für deine Geschichte besonders wichtig.
Der erste Satz muss **Spannung verbreiten** und den Leser **neugierig machen**.
Er soll Lust bekommen, die Geschichte zu lesen.
Wichtig ist aber auch **der letzte Satz**. Er soll **deine Geschichte abrunden**.

ÜBUNG 1

PUNKTE 5

Welche Sätze sind gut geeignet, um eine Geschichte damit zu beginnen? Kreuze die richtigen Antworten an.

- ❏ An einem schönen Sommertag ...
- ❏ Das war alles nichts ...
- ❏ Und ich ging ins Bett ...
- ❏ Alls begann an einem Sonntag ...
- ❏ Kurz nach Mitternacht ...

ÜBUNG 2

PUNKTE 5

Welche Sätze sind gut geeignet, um eine Geschichte damit zu beginnen? Kreuze die richtigen Antworten an.

- ❏ Vor nicht allzu langer Zeit ...
- ❏ Gestern war ein furchtbarer Tag ...
- ❏ Und danach ...
- ❏ Plötzlich sah ich ...
- ❏ Es geschah an einem ...

Weiterüben: www.deutschpirat.de · Benutzername: deutsch3-400, Passwort: schreibfit

ÜBUNG 3

PUNKTE 6

Setze den Schlusssatz richtig zusammen.

sein! ich In werde Zukunft vorsichtiger

....

ÜBUNG 4

PUNKTE 5

Welche Sätze eignen sich gut als Schlusssätze einer Geschichte?
Kreuze alle richtigen Antworten an.

❏ Ich weiß nicht, was ich tun soll.
❏ Das wird mir in Zukunft nicht mehr passieren!
❏ Bin ich froh, dass nichts passiert ist!
❏ Beruhigt ging ich ins Bett und schlief sofort ein.
❏ Plötzlich gab es einen lauten Knall.

ÜBUNG 5

PUNKTE 2

Für welchen Teil einer Geschichte sind diese Sätze gedacht?

Beginn Schluss

Es war ein kalter Wintermorgen. ....

Das war mein schönstes Erlebnis! ....

Lösungsheft S. 14 Gesamtpunktzahl: PUNKTE 23 Erreichte Punktzahl:

Stimmungen und Gefühle ausdrücken

Eine gute Erzählung vermittelt dem Leser auch **Stimmungen und Gefühle**. Dafür ist ein umfangreicher Wortschatz wichtig. Merke dir nach und nach Ausdrücke für die **wichtigen Gefühle** wie **Traurigkeit, Ärger, Wut, Freude**.

ÜBUNG 1

PUNKTE 8

Schreibe in die richtigen Spalten.

am Boden zerstört	niedergeschmettert	weinen	geballte Fäuste
roter Kopf	schluchzen	schreien	böse

Trauer	Wut
....	....
....	....
....	....
....	....

ÜBUNG 2

PUNKTE 5

Kreuze alle richtigen Antworten an.

Diese Wörter gehören zum Gefühl *Liebe*:

- ❑ ungerecht
- ❑ Kuss
- ❑ Herz
- ❑ anhimmeln
- ❑ missmutig

Weiterüben: www.deutschpirat.de · Benutzername: deutsch3-400, Passwort: schreibfit

ÜBUNG 3

PUNKTE 4

Immer zwei Ausdrücke gehören zusammen. Schreibe die Wörter in die passende Zeile.

ärgerlich mürrisch mutlos niedergeschlagen

verzweifelt - ....

hoffnungslos - ....

wütend - ....

unzufrieden - ....

ÜBUNG 4

PUNKTE 5

Kreuze die richtigen Antworten an.

Welche Ausdrücke gehören zu *hungrig sein*?

- ❑ auf der Leitung stehen
- ❑ ein Loch im Bauch haben
- ❑ Kohldampf haben
- ❑ mit Steinen werfen
- ❑ knurrender Magen

Lösungsheft S. 15 Gesamtpunktzahl: PUNKTE 22 Erreichte Punktzahl:

Treffende Wörter benutzen

Je genauer du dich ausdrücken kannst, desto besser kann der Leser deine Geschichte verstehen. Deshalb ist es wichtig, dass du nach und nach immer mehr Wörter kennenlernst und in deinen Geschichten verwendest.

ÜBUNG 1

PUNKTE 5

Schreibe die richtigen Wörter in die Lücken.

Baum	Baumstamm	Blätter	Zweigen	Ast

Das Mädchen klettert einen .... hoch.

Mit den Händen hält sie sich an einem .... fest,

einen Fuß stützt sie am .... ab.

An den .... sieht man ein paar

hellgrüne ....

ÜBUNG 2

PUNKTE 5

Durch was schauen sich die Piratenkinder an?
Kreuze die richtige Antwort an.

- ❑ Taschenlampen
- ❑ Papierrollen
- ❑ Fotoapparate
- ❑ Ferngläser
- ❑ Bauklötze

Weiterüben: www.deutschpirat.de · Benutzername: deutsch3-400, Passwort: schreibfit

ÜBUNG 3

PUNKTE 5

Wo steht die Giraffe? Kreuze die richtige Antwort an.

❏ im Park
❏ im Garten
❏ im Gehege
❏ im Museum
❏ auf einem Spielplatz

ÜBUNG 4

PUNKTE 8

Schreibe die richtigen Wörter in die Lücken.

Meer	Luftblasen	Schatztruhe	Krebs
Fische	Sand	Seestern	Goldmünzen

Piratin Kira taucht im ....

nach einer ....

Darin liegen .... und

ein ....

Um Kira herum schwimmen ein paar ....

Viele .... steigen auf.

Im .... hat sich ein .... eingegraben.

Lösungsheft S. 16 Gesamtpunktzahl: PUNKTE 23 Erreichte Punktzahl:

5 NACHERZÄHLUNG, TEXTZUSAMMENFASSUNG

Nacherzählung

Bei einer **Nacherzählung** gibst du eine Geschichte in eigenen Worten wieder. Daher solltest du die Geschichte zuerst sehr aufmerksam **lesen und ihren Sinn verstehen**. Notiere dir dann **Stichwörter** über die wichtigsten Dinge. Schreibe die Geschichte in eigenen Worten auf. Eine Nacherzählung hat den bekannten Aufbau: **Einleitung – Hauptteil mit Höhepunkt – Schluss**. Sie wird im **Präteritum** (in der Vergangenheit) geschrieben. Lies die Nacherzählung zum Schluss nochmals durch und überlege, ob sie auch jemand verstehen kann, der die eigentliche Geschichte nicht kennt.

ÜBUNG 1

PUNKTE 3

Welches Wort ist richtig? Streiche das falsche Wort durch.

Die Nacherzählung

Eine Nacherzählung gibt die Geschichte in eigenen | fremden Worten wieder. Lies dir die eigentliche Geschichte also gut | nicht durch. Notiere dann Stichwörter | die ganze Geschichte über die wichtigsten | unwichtigen Dinge. Schreibe die Geschichte in eigenen | fremden Worten auf. Eine Nacherzählung hat den Aufbau Einleitung | Hauptteil – Hauptteil mit Höhepunkt | Schluss – Schluss. Sie wird in der Vergangenheit | Gegenwart geschrieben.

ÜBUNG 2

PUNKTE 4

Bei der Nacherzählung eines Witzes wurde etwas Wichtiges vergessen. Was ist es? Kreuze die richtige Antwort an.

Der Lehrer schrie wütend: „Simone, du kaust ja schon wieder Kaugummi!" Da fragte Simone: „Der Kaugummi auch?"

- ❏ Warum Simone Kaugummi kaute.
- ❏ Was der Lehrer von Simone verlangte.
- ❏ In welcher Schulstunde es war.
- ❏ Ob auch andere Schüler Kaugummi kauten.
- ❏ Was der Lehrer auf Simones Antwort erwiderte.

Weiterüben: www.deutschpirat.de · Benutzername: deutsch3-500, Passwort: schreibfit

ÜBUNG 3 PUNKTE 11

In der Nacherzählung einer Sage fehlen Wörter. Schreibe sie in die Lücken.

Strafe	Gott	Mann	Mond	Sonntag	erfrieren
Sonne	gestohlen	verbrennen	arbeitete	Vollmond	

Der Mann im Mond

Wenn .... ist, kann man dunkle Flecken auf dem Mond sehen.

Das sind aber keine Flecken, es ist ein Mann, der auf den ....

geschickt wurde. Dieser Mann trug an einem .... Reisig, das er im

Wald .... hatte, nach Hause. Da begegnete ihm ....,

der ihm Vorwürfe machte, dass er am Sonntag .... Gott

sagte: „Dafür bekommst du eine .... Soll ich dich lieber auf den Mond

oder zur .... schicken?" „Wenn es unbedingt sein muss", sagte der

Mann, „dann will ich lieber auf dem Mond .... als auf der Sonne

...." Und so sehen wir den .... im Mond immer bei Vollmond.

Lösungsheft S. 17 Gesamtpunktzahl: PUNKTE 18 Erreichte Punktzahl:

Textzusammenfassung

Bei einer **Textzusammenfassung** gibst du **das Wichtigste** eines Textes **in eigenen Worten** wieder. Ist der Text in der **Ich-Form** geschrieben, dann wandelst du ihn in die **Er-Form** um. Wörtliche Rede darfst du nicht benutzen. Eine Textzusammenfassung wird immer im **Präsens** geschrieben.

ÜBUNG 1

PUNKTE 5

Welche Sätze stimmen für eine Textzusammenfassung? Kreuze alle richtigen Antworten an.

❑ Sie steht in der Vergangenheit.
❑ Sie steht in der Gegenwart.
❑ Der ganze Text wird nacherzählt.
❑ Das Wichtigste des Textes wird wiedergegeben.
❑ Sie soll möglichst viel wörtliche Rede beinhalten.

ÜBUNG 2

PUNKTE 11

Dieser Text ist in der Ich-Form geschrieben. Markiere alle Wörter der Ich-Form.

Heute ist der tollste Tag im Jahr, ich habe Geburtstag! Sobald der Wecker klingelt, springe ich aus dem Bett. Schnell ins Bad, Katzenwäsche, dann renne ich hinunter zum Frühstücken. Wie es sich gehört, ist schon die ganze Familie versammelt und singt mir ein Geburtstagsständchen. Auf dem Tisch liegen viele schöne Geschenke, die ich aber erst nach der Schule aufmachen kann. Meine Mutter hat den ganzen Raum mit Luftballons, Luftschlangen und „Happy Birthday"-Schildern verziert. Ich weiß, dass es Schokokuchen gibt, wenn ich von der Schule zurück bin. Außerdem kommen meine Großeltern zu Besuch und morgen meine Freunde. Ich freue mich so!

ÜBUNG 3

PUNKTE 2

Ich-Form oder Er-Form?

Ich-Form Er-Form

Julius kann gut rennen. Er ist der schnellste Läufer der Schule. Deshalb wollen ihn immer alle in ihrem Sportteam haben. Wenn wir unsere Mannschaften zusammenstellen, dann wird Julius sofort gewählt.

....

Ich dagegen bleibe meistens übrig. Ich bin nicht so gut in Sport. Dafür kann ich toll zeichnen! Aber im Kunstunterricht werden nun mal keine Mannschaften gewählt. Manchmal bewundern andere Schüler meine Bilder. Dann fühle ich mich richtig gut!

....

ÜBUNG 4

PUNKTE 3

Schreibe die Sätze im Präsens (in der Gegenwart) auf.

Moritz säuberte den Vogelkäfig.

....

Dann ging er zu seinem Freund.

....

Sie fuhren mit den Fahrrädern durch die Gegend.

....

Wichtiges von Unwichtigem unterscheiden

Wenn du eine **Textzusammenfassung** schreibst, dann musst du **Wichtiges von Unwichtigem unterscheiden** können. In einer Textzusammenfassung wird nur beschrieben, was man für das Verstehen des Textes unbedingt wissen muss.

ÜBUNG 1

PUNKTE 5

In die Textzusammenfassung hat sich eine unwichtige Information eingeschlichen. Welche ist es? Kreuze die richtige Antwort an.

❏ Heute bekommt Julia ihre kleine Katze.
❏ Sie ist schon ganz aufgeregt.
❏ Mit ihrem Vater fährt sie ins Tierheim.
❏ Das Auto des Vaters ist blau.
❏ Im Tierheim gibt es fünf junge Katzen.

ÜBUNG 2

PUNKTE 5

In die Textzusammenfassung hat sich eine unwichtige Information eingeschlichen. Welche ist es? Kreuze die richtige Antwort an.

❏ Das Fußballspiel ist wieder einmal hochspannend.
❏ Die erbitterten Gegner Thilo und Frank befinden sich im Zweikampf um den Ball.
❏ Da läuft plötzlich ein Dackel aufs Spielfeld und schnappt sich den Ball.
❏ Der Dackel heißt Waldi und gehört Herrn Heiner.
❏ Nach einer kurzen Verblüffung fangen Thilo und Frank an zu lachen.

ÜBUNG 3

PUNKTE 2

Markiere alle Sätze mit unwichtigen Informationen.
Tipp: Es sind zwei!

Zitternd steht Lara auf dem Drei-Meter-Turm und sieht nach unten. Das Schwimmbecken erscheint ihr so klein von oben. Obwohl Heidfeld das größte Becken im Umkreis hat! Lara weiß, dass sie nun springen muss. Sie ist an der Reihe. Hinter ihr drängeln schon die anderen Kinder. Aber Lara traut sich nicht. Da stellt sich ein Mädchen neben sie und nimmt sie an der Hand. Sie hat einen roten Badeanzug an. Mit dem Mädchen an der Hand fasst Lara neuen Mut. Gemeinsam springen sie.

ÜBUNG 4

PUNKTE 2

Markiere alle Sätze mit unwichtigen Informationen. Tipp: Es sind zwei!

Die Piraten sind wieder an Land. Sie sind eifrig dabei, ihr Schiff zu reparieren. Außerdem verkaufen sie ihre Waren. Piraten-Joe dreht der Wirtin von der Hafenkneipe wertlosen Schmuck an. Die Piraten nutzen den Landgang auch, um Vorräte aufzufüllen. Am Abend gehen sie in die Hafenkneipen und feiern bis in den Morgen. Der Piratenhauptmann feiert auch manchmal bis mittags.

 Gesamtpunktzahl: PUNKTE 14 Erreichte Punktzahl:

6 BRIEF, POSTKARTE, NACHRICHT

Brief

Ein Brief beginnt immer mit dem Ort und dem Datum. Beides schreibst du rechts oben auf den Briefbogen. Dann folgt die Anrede. Wenn du jemanden gut kennst, dann kannst du **Hallo, Hey, Hi, Liebe(r)** schreiben. Bei Personen, die du nicht gut kennst, schreibst du **Sehr geehrte(r) Frau/ Herr**. Nach der Anrede setzt du ein Komma. Danach geht es klein weiter. Du kannst von dir erzählen und auch Fragen stellen. Am Schluss steht der Abschiedsgruß. Auch dieser wird anders ausfallen, je nachdem, wem du schreibst: **Viele / Liebe / Herzliche Grüße, Bis bald, Mit freundlichen Grüßen**.

ÜBUNG 1

PUNKTE 5

Ordne den Bestandteilen des Briefes die entsprechenden Beispiele zu.

Bestandteile eines Briefes	Beispiele
Ort	Liebe Grüße, dein Nick
Datum	heute waren wir ...
Anrede	Liebe Tante Helga,
Erzähltext	München
Abschiedsgruß	8.12.2013

ÜBUNG 2

PUNKTE 4

Schreibe die passende Anrede neben die Person, der du einen Brief schreibst.

Sehr geehrter	Liebe	Hi	Hallo

Bester Freund: .... Leiter der Eislaufhalle: ....

Lieblingstante: .... Klassenkamerad: ....

Weiterüben: www.deutschpirat.de · Benutzername: deutsch3-600, Passwort: schreibfit

ÜBUNG 3

PUNKTE 3

Wähle die passenden Wörter aus.

Stuttgart, 25.01.2014 | 01.2014
Lieber | Hi Opa,
ich habe gehört, dass du krank bist. Das tut mir sehr leid! Ich hoffe, dass es dir schon wieder etwas besser geht und du bald aus dem Krankenhaus entlassen wirst.
Ich denke an dich!
Ganz liebe Grüße | Mit freundlichen Grüßen
dein Rico

ÜBUNG 4

PUNKTE 5

Bringe den Brief in die richtige Reihenfolge, indem du die Kärtchen nummerierst.

Liebe Grüße,	....
ich möchte mich ganz herzlich für dein tolles Weihnachtsgeschenk bedanken. Woher wusstest du, dass ich mir Schlittschuhe wünsche? Ich habe mich sehr darüber gefreut! Wir haben sie gleich ausprobiert. Hast du auch ein tolles Weihnachtsgeschenk bekommen?	....
deine Janine	....
Allerliebste Oma,	....
Berlin, 5.01.2014	....

Lösungsheft S. 20 Gesamtpunktzahl: PUNKTE 17 Erreichte Punktzahl:

Postkarte

Eine **Postkarte** schreibt man häufig aus dem Urlaub. Da auf so einer Karte nicht viel Platz ist, muss man sich kurz halten und nur **das Wichtigste** erzählen.
Auf die Postkarte muss man unbedingt auch die **Adresse des Empfängers** schreiben, damit die Karte ankommt.

Die Adresse schreibt man so auf:

Herrn	(Anrede)
Peter Schilling	(Vorname und Nachname)
Hauptstraße 5	(Straße mit Hausnummer)
81367 Glücksstadt	(Postleitzahl und Ort)

ÜBUNG 1

PUNKTE 10

Setze die fehlenden Wörter ein.

Bahn	Berlin	cool	erzählen	Großeltern
Gruß	Hi	riesige	Robin	zurück

.... Mirco,

wie geht's? Ich bin in .... bei meinen ....

Das ist vielleicht .... hier! Ich wette, du hast noch nie eine so ....

Stadt gesehen! Und überall kommt man mit der .... hin. Ich muss dir alles

genau .... , wenn ich wieder .... bin.

....

....

Weiterüben: www.deutschpirat.de · Benutzername: deutsch3-600, Passwort: schreibfit

ÜBUNG 2

PUNKTE 7

Schreibe die passenden Begriffe in die Lücken.

Vorname	Nachname	Anrede	Postleitzahl
Hausnummer	Straße	Ort	

Herrn ....

Paul .... Heck ....

Schiffweg .... 110 ....

17742 .... Elchingen ....

ÜBUNG 3

PUNKTE 6

Bringe den Postkartentext in die richtige Reihenfolge, indem du die Kästchen nummerierst.

ist prima und wir haben	....
Viele Grüße aus der Sonne,	....
Hallo ihr Daheimgebliebenen,	....
schon viel unternommen.	....
Darian	....
hier ist es richtig klasse! Das Wetter	....

Lösungsheft S. 21 Gesamtpunktzahl: PUNKTE 23 Erreichte Punktzahl:

SMS

Kurze Nachrichten kann man schnell übers Handy mit einer **SMS** (Short Message Service) verschicken. Das ist vor allem dann praktisch, wenn man unterwegs ist und keine Zeit hat, lange zu telefonieren. Damit es schneller geht, benutzt man beim Schreiben von SMS häufig Abkürzungen:

LG (Liebe Grüße)
hdl (hab dich lieb)
MeMiWi (Melde mich wieder)
Waudi (Warte auf dich)
akla (Alles klar?)
8ung (Achtung)
hdgdl (hab dich ganz doll lieb)
MeDIWI! (Melde dich wieder!)
Waumi (Warte auf mich)
GN8 (Gute Nacht)

ÜBUNG 1

PUNKTE 5

Schreibe die Abkürzungen zu ihren Bedeutungen.

GN8	hdgdl	Waudi	MeMiWi	LG

hab dich ganz doll lieb: ....

Gute Nacht: ....

Warte auf dich: ....

Melde mich wieder: ....

Liebe Grüße: ....

ÜBUNG 2

PUNKTE 4

Schreibe die Abkürzungen zu ihren Bedeutungen.

akla?	hdl	MeDiWi!	8ung

hab dich lieb: ....

Alles klar?: ....

Achtung: ....

Melde dich wieder!: ....

Weiterüben: www.deutschpirat.de · Benutzername: deutsch3-600, Passwort: schreibfit

ÜBUNG 3

PUNKTE 3

Dominics Oma versteht die SMS nicht. Übersetze die Abkürzungen für sie.

Hallo Oma,

akla? .... Freue mich, wenn du bald kommst!

MeMiWi ....

hdl ....

Dominic

ÜBUNG 4

PUNKTE 3

Herr Schneider hat den Bus verpasst. Welche SMS schickt er wohl seiner Frau? Kreuze die richtige Antwort an.

- ❑ Dummerweise habe ich den Bus verpasst. Um 1 min! Die fahren aber auch so pünktlich ab. Jetzt muss ich den nächsten nehmen. So ein Mist. Komme dann um 18.55 Uhr an. Grüße Robert
- ❑ Bus verpasst
- ❑ Bus verpasst, nehme nächsten, komme 18.55 Uhr. Kuss Robert

Notizen

Notizen macht man, wenn man **schnell** etwas **aufschreiben** möchte, damit man es nicht vergisst.
Das kann eine Information sein, wenn jemand angerufen hat, ein Einkaufszettel oder deine Hausaufgaben. Viele Menschen schreiben Notizzettel für sich selbst, die sie an etwas erinnern sollen. Notizen kann man also für sich und für andere schreiben.

ÜBUNG 1

PUNKTE 3

Welche Wörter stimmen? Streiche die falschen Wörter durch.

Notizen sind kurze | lange Texte. Man schreibt sie, um jemandem schnell | ausführlich etwas mitzuteilen. Man kann auch für sich selbst eine Notiz schreiben. Das ist sinnvoll, wenn man etwas nicht vergessen | vergessen möchte.

ÜBUNG 2

PUNKTE 3

Welche Notiz ist sinnvoll? Kreuze die richtige Lösung an.

- ❑ Handwerker kommt nicht.
- ❑ Vorhin hat ein Handwerker angerufen. Er kann morgen nicht kommen, weil er einen anderen Termin hat. Dafür entschuldigt er sich. Er kommt am Mittwoch um 10 Uhr, wenn das bei dir geht. Das soll ich dir ausrichten. Du kannst ihn auch zurückrufen.
- ❑ Handwerker kann morgen nicht. Kommt am Mittwoch um 10 Uhr.

Weiterüben: www.deutschpirat.de · Benutzername: deutsch3-600, Passwort: schreibfit

ÜBUNG 3 PUNKTE 4

An der Haustür hängt eine Notiz. Ordne sie in der richtigen Reihenfolge, indem du die Kästchen nummerierst.

Bitte das Päckchen	......	Danke, H. Fleming	......
(Familie Weiß)	......	abgeben.	......
An den Paketdienst	......	bei den Nachbarn gegenüber	......

ÜBUNG 4 PUNKTE 5

Ordne die Angaben richtig zu.

Gedankenstütze	Ort und Datum	Einkaufszettel	Telefonnotiz
Text darf bestimmte Länge nicht überschreiten		Empfänger- und Absender-Adresse	
ausführlicher Erzähltext	oft aus dem Urlaub	häufig mit Abkürzungen	nur Empfänger-Adresse

Brief	Postkarte	SMS	Notiz
....	....	....	....
....	....	....	....
....	....	....	....
....	....	....	....
....	....	....	....
....	....	....	....

Lösungsheft S. 23 Gesamtpunktzahl: PUNKTE 15 Erreichte Punktzahl: ◯

7 GENAU LESEN, LESESPIELE, LESETRAINING

Genau lesen

Es ist wichtig, dass du Wörter und Sätze ganz genau liest. Wenn du Texte einfach überfliegst oder nur jedes zweite oder dritte Wort liest, dann entgeht dir vieles und du kannst den Text nicht richtig verstehen.

ÜBUNG 1

PUNKTE 5

Lies den Text der Zeitungsmeldung laut. Kreuze die Sätze an, die richtig sind.

Polizei befreit Igel aus Joghurtbecher
Stachelige Aufgabe für die Polizei in Nürnberg: Ein Igel hatte seine Nase zu tief in einen Joghurtbecher gesteckt und blieb in dem Plastikgefäß hängen. Ein Fußgänger entdeckte das herumirrende Tier und brachte es auf die Polizeiwache. Dort schnitten die Polizisten mit Messer und Schere vorsichtig den Becherboden auf, um dem Tier zunächst das Atmen zu erleichtern. Danach trennten sie das Gefäß seitlich auf - und befreiten den Igel aus seinem Gefängnis. Weil das Tier offenbar unverletzt war, wurde es nach der Aktion wieder in freier Natur ausgesetzt.

- ❏ Ein Mann fand den Igel mit Joghurtbecher in seinem Garten.
- ❏ Vorsichtig befreite der Mann den Igel.
- ❏ Der Igel wurde auf die Polizeiwache gebracht.
- ❏ Um den Joghurtbecher zu entfernen, wurden Messer und Schere verwendet.
- ❏ Nach der Befreiung setzten sie den Igel im Freien aus.

ÜBUNG 2

PUNKTE 2

Zwei Wörter gibt es doppelt. Markiere beide.

Schule Lehrer Hausaufgaben Unterricht Buch Füller Klassenzimmer Heft
Stunde Boden Sport Schulranzen Bleistift Tafel Fenster Pausenhof
Mathematik Lehrerin Schulstunde Buntstifte Wasserfarben Sport
Kunstunterricht Turnbeutel Sporthose Unterricht

Weiterüben: www.deutschpirat.de · Benutzername: deutsch3-700, Passwort: schreibfit

ÜBUNG 3

PUNKTE 5

Welche Sätze passen zum Bild? Kreuze alle richtigen Antworten an.

❑ Die Frau hat fast nichts eingekauft.
❑ Die Frau hat viel eingekauft.
❑ Die Frau hat ein rosafarbenes Kleid an.
❑ Die Frau hat einen rosafarbenen Rock an.
❑ Die Frau schiebt einen Einkaufswagen.

ÜBUNG 4

PUNKTE 5

Lies den Text laut und kreuze die Sätze an, die richtig sind.

Justus und Emma sind im Wald unterwegs. Sie wollen Pilze sammeln. Emma kennt sich gut aus und weiß genau, welche Pilze essbar sind. Zuerst finden sie nichts außer ein paar Fliegenpilzen, die sehr giftig sind. Doch dann entdeckt Justus, halb unter welkem Laub versteckt, lauter kleine goldgelbe Pilze. „Pfifferlinge!", ruft Emma begeistert. Mit ihren Messerchen schneiden die beiden Kinder die Pilze ab und legen sie in ihre Körbe. Sie laufen weiter und finden noch mehr Pfifferlinge. „Das reicht jetzt", meint Justus schließlich. In einem Bogen gehen sie zurück. Plötzlich fragt Justus: „Was sind das da für welche?", und Emma freut sich: Steinpilze! „Was für ein Glück wir heute haben", sagt sie. „So leckere Pilze!"

❑ Justus kennt sich mit Pilzen sehr gut aus.
❑ Fliegenpilze sind giftig.
❑ Die Kinder brechen die Pfifferlinge ab und legen sie in ihre Körbe.
❑ Emma entdeckt die Steinpilze.
❑ Pfifferlinge und Steinpilze sind gute Speisepilze (= essbare Pilze).

Gesamtpunktzahl: PUNKTE 17 Erreichte Punktzahl:

Fehler finden

Ob du wirklich ganz genau und aufmerksam liest, erkennst du, wenn du Fehler im Text findest. Die Übungen in diesem Kapitel zeigen dir, wie gut du darin schon bist.

ÜBUNG 1

PUNKTE 5

Welche Sätze stimmen? Kreuze alle richtigen Antworten an.

- ❏ Ein Ball ist rund, eine Schachtel eckig und ein Ei oval.
- ❏ Äpfel und Karotten sind Obstsorten, Tomaten und Kartoffeln sind Gemüsesorten.
- ❏ Hunde bellen, Katzen miauen und Kühe zwitschern.
- ❏ Eine Rose ist eine Blume, eine Tanne ist ein Baum.
- ❏ Alle Mädchen haben lange Haare.

ÜBUNG 2

PUNKTE 6

In jeder Zeile ist ein Wort falsch geschrieben. Markiere es.

Pirat Pirat Pirat Pirat Piratt Pirat Pirat Pirat Pirat Pirat Pirat

Schiff Schiff Schiff Schiff Schiff Schiff schiff Schiff Schiff

Kapitän Kapitän Kapiten Kapitän Kapitän Kapitän

Schatzkiste Schatzkiste Schazkiste Schatzkiste Schatzkiste

Kajüte Kajühte Kajüte Kajüte Kajüte Kajüte Kajüte Kajüte

Hängematte Hängematte Hängematte Hengematte Hängematte

Weiterüben: www.deutschpirat.de · Benutzername: deutsch3-700, Passwort: schreibfit

ÜBUNG 3

PUNKTE 6

Im unteren Text haben sich 6 Fehler eingeschlichen. Finde und markiere sie.

Heute ist Jonny mit Tischdienst dran. Angewidert betrachtet er den Speisesaal. Was die Piraten für eine Sauerei hinterlassen haben! Im ganzen Saal liegen leere Flaschen, der Boden klebt von verschüttetem Bier. Auf dem Tisch liegen Essensreste neben den Tellern. Jonny macht sich genervt an die Arbeit.

Heute ist Jonny mit Spülarbeit dran. Entsetzt betrachtet er den Speisesaal. Was die Piraten für eine Sauerei hinterlassen haben! Im ganzen Saal liegen leere Becher, der Boden klebt von verschüttetem Saft. Auf dem Tisch liegen Essensreste neben den Schüsseln. Jonny macht sich widerwillig an die Arbeit.

ÜBUNG 4

PUNKTE 3

Immer ein Wort passt nicht in die Reihe. Markiere es.

Löffel - Gabel - Schere - Messer
Mond - Sterne - Sonne - Berg
Eis - Meer - Wasser - Wellen

 Gesamtpunktzahl: PUNKTE 20 Erreichte Punktzahl:

Immer längere Wörter und Sätze lesen

Jeder hat einmal klein begonnen. Ein gutes Lesetraining ist es, mit wenigen Wörtern und Sätzen anzufangen und dann immer mehr zu lesen. Die Übungen auf dieser Doppelseite helfen dir dabei. Lies aufmerksam und konzentriert und vor allem laut. Wenn etwas noch nicht reibungslos klappt, dann nimm dir die Übungen am nächsten Tag noch mal vor – so lange, bis es funktioniert. Du wirst sehen, dass du mit der Zeit immer besser wirst.

ÜBUNG 1

PUNKTE 5

Lies die Wörter laut.

Katze
Katzenhals
Katzenhalsband
Katzenhalsbandgeschäft
Katzenhalsbandgeschäftsinhaber
Katzenhalsbandgeschäftsinhaberauto

ÜBUNG 2

PUNKTE 5

Lies die Wörter laut.

Schule
Schulhaus
Schulhausfenster
Schulhausfenstergriff
Schulhausfenstergriffhersteller
Schulhausfenstergriffherstelleradresse

ÜBUNG 3

PUNKTE 5

Lies die Sätze laut.

Uwe spielt.
Uwe spielt auf dem Rasen.
Uwe spielt auf dem Rasen Fußball.
Uwe spielt auf dem Rasen Fußball mit seinen Freunden.
Uwe spielt auf dem Rasen Fußball mit seinen Freunden Mike und Dennis.
Uwe spielt auf dem Rasen Fußball mit seinen Freunden Mike und Dennis bis zum Abend.

ÜBUNG 4

PUNKTE 5

Lies die Sätze laut.

Die Familie fährt.
Die Familie fährt in den Urlaub.
Die Familie fährt in den Urlaub nach Italien.
Die Familie fährt in den Urlaub nach Italien mit dem Wohnwagen.
Die Familie fährt in den Urlaub nach Italien mit dem Wohnwagen für zwei Wochen.

Lösungsheft S. 26 Gesamtpunktzahl: PUNKTE 20 Erreichte Punktzahl:

Lesetraining

Wenn du ein besserer Leser werden willst, dann musst du viel lesen.
Was, wann und wo ist egal.
Zusätzlich gibt es aber auch noch viele verschiedene Übungen, die dir helfen, das Lesen zu trainieren. Lass dich überraschen und hab viel Spaß dabei!

ÜBUNG 1

PUNKTE 15

Lies die Sätze laut und setze die fehlenden Buchstaben während des Lesens ein. Schreibe die Buchstaben dann in die Lücken und überprüfe, ob du richtig eingesetzt hast. Denke dabei an die Groß- und Kleinschreibung!

Kira .....nd Jonny spielen auf dem .....chiff mit ihren Murmel..... . Das ist .....ar

nicht so einfach, weil die .....ellen das Schiff immer wieder .....um Schwanken

bringen. Als der Wellengang .....tärker wird, geben die .....eiden auf.

Sie stelle..... sich an die Reling und sehen hinab in..... M eer. Es ist schon fast

.....unkel, die Wellen schlagen .....aut ans Schiff. Die Flosse eines g.....oßen

Fisches tauch..... auf. Ist das ein .....ai?

ÜBUNG 2

PUNKTE 5

Lies den Zungenbrecher zuerst ganz langsam, dann immer schneller.
Teste, wie schnell du ihn sagen kannst, ohne dich zu verhaspeln.

Der Flugplatzspatz nahm auf dem Flugplatz Platz.
Auf dem Flugplatz Platz nahm der Flugplatzspatz.

Weiterüben: www.deutschpirat.de · Benutzername: deutsch3-700, Passwort: schreibfit

ÜBUNG 3

PUNKTE 16

Lies die Sätze laut und setze die fehlenden Buchstaben während des Lesens ein. Schreibe die Buchstaben dann in die Lücken und überprüfe, ob du richtig eingesetzt hast. Denke dabei an die Groß- und Kleinschreibung!

.....eute ist Oma Anna zu .....esuch. .....ma Anna freut sich immer, ...enn sie mit ihren Enkel..... spielen kann und ihre .....nkel freuen sich auf die Om..... . Oma Anna ist nämlich für jeden .....paß zu haben.

Dieses Mal hat sie .....ersprochen, mit den Enkeln in die .....islaufhalle zu gehe..... . Oma Anna war früher einmal .....iskunstläuferin .....nd kennt noch jede Menge Trick..... . Bestimmt wird .....ie eine tolle Show auf dem .....is hinlege..... !

ÜBUNG 4

PUNKTE 5

Lies den Zungenbrecher zuerst ganz langsam, dann immer schneller. Teste, wie schnell du ihn lesen kannst, ohne dich zu verhaspeln.

Es klapperte die Klapperschlang',
bis ihre Klapper schlapper klang.

Lösungsheft S. 27 Gesamtpunktzahl: PUNKTE 41 Erreichte Punktzahl:

Schlüsselwörter

Ein Sachtext ist häufig nicht so leicht zu verstehen.
Lies ihn daher mehrmals aufmerksam und versuche dir dabei bereits grundlegende Aussagen zu merken.
Markiere dann die wesentlichen Wörter, sodass du mit einem Blick auf die markierten Wörter die wichtigsten Aussagen des Textes nachvollziehen kannst.

ÜBUNG 1

PUNKTE 3

Die Schlüsselwörter sind aus dem Text gefallen. Schreibe sie wieder hinein.

Kraftfahrzeug	Ingenieur	Carl Benz
Benzinmotor	Verbrennungsmotoren	Mercedes Benz

Gottlieb Daimler war ein deutscher .... Er entwickelte den ersten .... und das erste vierrädrige .... mit Verbrennungsmotor. Einen Rennwagen, den er konstruierte, nannte er Mercedes. Daher kommt der Name der Automarke ....

.... hatte etwa zur gleichen Zeit ebenfalls an .... für Automobile gearbeitet – ohne dass die beiden etwas voneinander gewusst oder sich gekannt hätten.

Weiterüben: www.deutschpirat.de · Benutzername: deutsch3-800, Passwort: schreibfit

ÜBUNG 2

PUNKTE 3

In dem Text gibt es drei Schlüsselwörter. Markiere sie.

Das Känguru ist ein Säugetier.
Das Känguru ist ein Pflanzenfresser. Es ernährt sich von den unterschiedlichsten Gräsern und Blättern.
Das Känguru ist ein Beuteltier. Ein junges Känguru wird nach 33 Tagen geboren. Nach der Geburt kriecht es in den Beutel der Mutter hinein. Dort befinden sich vier Milchdrüsen, die das Kleine ernähren. Nur die weiblichen Kängurus haben Beutel.

ÜBUNG 3

PUNKTE 5

In dem Text gibt es drei Schlüsselwörter. Welche sind es? Kreuze an.

Ein Waveboard ist ein Sportgerät, das auf den ersten Blick ähnlich aussieht wie ein Skateboard. Allerdings hat es kein durchgehendes Brett, sondern es besteht aus zwei sogenannten Decks, die flexibel miteinander verbunden sind. Übersetzt heißt der Name „Wellenbrett"; und so wird es auch bewegt.

- ❑ Waveboard, Sportgerät, Blick
- ❑ Skateboard, Brett, Decks
- ❑ ähnlich, flexibel, bewegt
- ❑ Waveboard, Deck, Wellenbrett
- ❑ Blick, Brett, Name

Texte in Abschnitte gliedern

Um einen Sachtext wirklich zu verstehen, hilft es dir, ihn in **Sinnabschnitte** einzuteilen.
Gib dann jedem Abschnitt eine **Überschrift**. So kannst du die **Kernaussagen** des Textes auf einen Blick ersehen und erhältst schon einmal eine erste **Textzusammenfassung**.

ÜBUNG 1

PUNKTE 5

Der Text wurde bereits in Abschnitte unterteilt. Leider sind diese durcheinandergeraten. Ordne sie, indem du die Kästchen nummerierst.

Heute wird mit Druckluft und Sauerstoff gearbeitet. Die Temperaturen steigen bis zu 2 500 Grad Celsius. Außerdem kann man farbige Glasbrösel dazugeben, um das Glas zu färben und Muster zu erzeugen. ....

Die Glasbläserei gibt es seit Jahrhunderten. Mit Hilfe einer Öllampe und eines Blasebalgs wurden Glasstäbe erhitzt und das Glas zu Gegenständen geformt. ....

Glasbläser sind häufig bei Forschungsabteilungen und Labors angestellt. In manchen Bereichen Deutschlands gibt es aber noch eigene Glasbläsereien, die kunsthandwerklich arbeiten. ....

Glasbläser ....

In diesem Artikel erfährst du etwas über die Geschichte des Glasblasens, die neuen Arbeitsmittel sowie die Bedeutung der Glasbläser heute. ....

Weiterüben: www.deutschpirat.de · Benutzername: deutsch3-800, Passwort: schreibfit

ÜBUNG 2

PUNKTE 5

Welche Überschrift passt am besten zu dem Text? Kreuze an.

Früher lebten und arbeiteten die meisten Menschen auf dem Land. Sie säten Getreide, pflanzten Gemüse und hielten Tiere, um Essen und Kleidung daraus zu gewinnen. Die Bauern arbeiteten viel mit Pferden. Diese zogen den Pflug und die Kutsche. Doch auch Kühe und Ochsen konnte man als Zugtiere benutzen. Kartoffeln wurden jahrhundertelang mit der Hand geerntet.

- ❑ Bauern
- ❑ Tiere auf dem Bauernhof
- ❑ Wie die Menschen früher lebten
- ❑ Bauernhöfe
- ❑ Die Arbeit der Bauern früher

ÜBUNG 3

PUNKTE 5

Ordne der Überschrift jeweils den passenden Textabschnitt über das Pferd zu.

Überschrift	Textabschnitt
Geschichte des Pferdes	Pferde sind Pflanzenfresser und fressen vor allem Gräser ...
Kopf des Pferdes	Pferde haben einen großen, langen Schädel ...
Ernährung	Bei Bedrohung versuchen Pferde zu fliehen ...
Pferde sind Fluchttiere	Das Wildpferd wurde vor 5000 Jahren vom Menschen gezähmt ...
Nutzung durch den Menschen	Der Mensch nutzt das Pferd als Reit-, Arbeits- und Lasttier ...

Lösungsheft S. 29 Gesamtpunktzahl: PUNKTE 15 Erreichte Punktzahl:

Wörter verstehen

In Sachtexten werden dir immer wieder Wörter begegnen, die du nicht kennst. Hier nimmst du am besten ein Wörterbuch zu Hilfe.
Wenn du keines zur Hand hast, ergibt sich die Bedeutung mancher Wörter auch aus dem Satzzusammenhang.

ÜBUNG 1

PUNKTE 5

Kreuze die richtige Antwort an. Wenn du das Wort nicht kennst, schlage im Wörterbuch nach.

Rugby *ist ...*

- ❑ eine amerikanische Pizza.
- ❑ eine Sportart.
- ❑ ein Getränk.
- ❑ ein Kleidungsstil.
- ❑ eine Musikrichtung.

ÜBUNG 2

PUNKTE 5

Versuche, dir das unterstrichene Wort aus dem Zusammenhang des Satzes zu erklären.

Seit zwei Stunden sitzt Hannes schon vor dem Fernseher. Plötzlich steht er mit einem Ruck auf. „Was für eine <u>stumpfsinnige</u> Glotzerei", murmelt er vor sich hin.

stumpfsinnig *bedeutet ...*

❑ interessant ❑ lehrreich ❑ ergiebig ❑ verschwenderisch ❑ dümmlich

ÜBUNG 3

PUNKTE 5

Schreibe die passenden Adjektive (Wiewörter) in die Lücken.

niedlich leichtsinnig schädlich windschief platt

schräg, zum Beispiel ein Haus: ....

eben, zum Beispiel Erde, nachdem eine Walze darübergefahren ist: ....

nicht gut für die Gesundheit: ....

unüberlegt, ohne an die Folgen zu denken: ....

junge Tiere sind es oft, ein anderes Wort für „putzig": ....

ÜBUNG 4

PUNKTE 5

Schreibe die passenden Nomen (Namenwörter) in die Lücken.

Fontäne Hirte Kriegsgott Muskeln Temperatur

Mein Rücken tut so weh! Meine .... sind ganz verkrampft.

Als der Springbrunnen anging, schoss eine riesige .... nach oben.

Die .... steigt auf über 40 Grad Celsius.

Der .... muss sich um seine Schafe kümmern.

Der .... der Römer hieß Mars.

Fragen zum Text beantworten

Wenn du zu einem Sachtext **Fragen beantworten** sollst, dann musst du den Text zuvor natürlich **gut gelesen** und den **Inhalt verstanden** haben. **Markiere** dir dann im Text die Sätze, die dir bei der Beantwortung der Frage helfen. **Formuliere** die Antwort in eigenen und ganzen Sätzen.

ÜBUNG 1

PUNKTE 4

Um was geht es in dem Text? Kreuze die richtige Antwort an.

Viele Kinder fürchten sich, wenn es donnert und blitzt. Dabei muss man keine Angst haben, wenn man sich im Haus befindet. Hält man sich allerdings im Freien auf, sollte man Bäume, Masten und Ähnliches meiden und am besten in einer trockenen Mulde in die Hocke gehen. Der Blitz sucht sich nämlich immer den höchsten Punkt aus, um einzuschlagen. Da Wasser Strom leitet, muss man unbedingt aus Seen und Schwimmbädern heraus und Abstand halten. Sollte man ein unverschlossenes Auto finden, dann nichts wie rein – in Autos ist man sicher.

- ❏ Die Entstehung von Wetter
- ❏ Die Entstehung von Gewitter
- ❏ Das richtige Verhalten bei Gewitter
- ❏ Das richtige Verhalten im Freien

Weiterüben: www.deutschpirat.de · Benutzername: deutsch3-800, Passwort: schreibfit

ÜBUNG 2

PUNKTE 4

Aus welchem Grund machte sich Christoph Kolumbus im Jahr 1492 auf eine lange Reise? Markiere den Satz, in dem du die Antwort findest.

Christoph Kolumbus kam 1451 in Italien zur Welt. Als junger Mann fuhr er viel zur See, um Waren zu kaufen und sie in seiner Heimat wieder zu verkaufen. Besonders beliebt waren Produkte aus Asien, wie Gewürze und Seide. Doch die Reise dorthin war lang und teuer. So dachte sich Kolumbus einen Plan aus. Er wollte einen kürzeren Seeweg nach Indien finden. Dafür bekam er Geld vom spanischen Königspaar und brach im August 1492 auf. Erst im Oktober sah die Mannschaft das Land, von dem Kolumbus glaubte, dass es Indien war. Deshalb nannte er die Einwohner dort Indianer. In Wirklichkeit aber war er nicht in Indien, sondern in Amerika – er hatte einen neuen Kontinent entdeckt!

ÜBUNG 3

PUNKTE 5

Weshalb sollte man elektrische Geräte immer ganz ausschalten? Lies den Text und kreuze alle richtigen Antworten an.

Fernseher, Videorekorder und viele andere Geräte haben meistens eine sogenannte Standby-Funktion. Damit schaltet man sie nicht ganz aus, sondern auf Bereitschaft. Hierbei verbraucht das Gerät allerdings Strom. Das erhöht die Stromrechnung – im Laufe des Jahres kommt so eine ganz schöne Summe zusammen. Viel besser ist es, die Geräte ganz auszuschalten. Man spart damit nicht nur Geld, sondern tut auch etwas Gutes für die Umwelt.

- ❏ Die Strahlenbelastung ist geringer.
- ❏ Es ist besser für die Umwelt.
- ❏ Es spart Zeit.
- ❏ Es spart Geld.
- ❏ Die Standby-Funktion ist manchmal kaputt.

Lösungsheft S. 31 Gesamtpunktzahl: PUNKTE 13 Erreichte Punktzahl:

9 ERZÄHLENDE TEXTE VERSTEHEN

Textsorten

Bei den erzählenden Texten gibt es **verschiedene Textsorten**. Die Merkmale der einzelnen Textsorten zu kennen ist wichtig, um den Text verstehen zu können.

Fabel: kurze Erzählung, Tiere können sprechen und handeln wie Menschen, am Ende gibt es eine Moral (Belehrung)

Sage: überlieferte Erzählung von wahren Orten, Begebenheiten oder Personen, Wahrheit und Fantasie gemischt

Märchen: alte Textsorte, das Gute gewinnt gegen das Böse, beginnt mit „Es war einmal ..."

ÜBUNG 1

PUNKTE 3

Ordne den Erzählungen die richtige Textsorte zu, indem du sie verbindest.

Erzählung	Textsorte
Wie drei warme Quellen entstanden	Märchen
Rapunzel	Fabel
Der Rabe und der Fuchs	Sage

ÜBUNG 2

PUNKTE 5

Lies die Fabel. Was ist ihre Moral (die Lehre aus der Geschichte)? Kreuze an.

Drei Stiere beschlossen, immer zusammenzubleiben, damit der Löwe sie nicht angreifen konnte. Da ging der Löwe zu jedem einzelnen Stier und verbreitete Lügen über die anderen beiden Stiere. Daraufhin trennten sich die drei Stiere. Nun konnte der Löwe jeden Stier fressen.

- ❑ Nie glauben, was der Löwe sagt!
- ❑ Gemeinsamkeit macht stark.
- ❑ Stiere müssen immer in der Herde bleiben.
- ❑ Lügen haben kurze Beine.
- ❑ Löwen fressen Stiere.

Weiterüben: www.deutschpirat.de · Benutzername: deutsch3-900, Passwort: schreibfit

ÜBUNG 3

PUNKTE 7

Ordne in der richtigen Reihenfolge, indem du die Kästchen nummerierst.

Mit der Beute im Maul sauste er davon. ......

So stürzte sich der Hund von der Brücke und wollte nach dem Hund im Wasser beißen, um diesem das Fleisch abzujagen. ......

Im Wasser entdeckte er einen großen Hund, der gierig ein Stück Fleisch zwischen den Zähnen hielt. ......

Der Hund und das Stück Fleisch ......

Doch er konnte ihn nicht mehr sehen. Stattdessen fiel ihm sein Stück Fleisch aus dem Maul ins Wasser und war verloren. ......

Da kam er über eine Brücke und sah ins Wasser. ......

Ein großer Hund hatte einem kleinen Hund ein Stück Fleisch abgejagt. ......

ÜBUNG 4

PUNKTE 5

Ordne die Beispiele den Märchenmerkmalen zu, indem du sie verbindest.

Merkmale	Beispiele
Einleitungssatz immer gleich	Frosch kann sprechen
Überschrift nach einer Person oder einem Tier	Frosch verwandelt sich in einen Prinzen
Tiere mit besonderen Fähigkeiten	Es war einmal ...
ungewöhnliche Ereignisse	Der Froschkönig

Lösungsheft S. 32 Gesamtpunktzahl: PUNKTE 20 Erreichte Punktzahl:

Eigene Fragen stellen

Texte, die du nicht kennst, liest du dir in Ruhe durch. Schlage unbekannte Wörter nach, damit du sichergehen kannst, dass du die Sätze verstanden hast. Stelle dir dann eigene Fragen zum Text und beantworte sie.
Dabei helfen dir diese **W-Fragen**:
Wer? **W**ie? **W**o? **W**ann? **W**arum? **W**odurch? **W**orüber? Seit **w**ann? **W**ie viel? **W**ohin? **W**eshalb? **W**omit?

ÜBUNG 1

PUNKTE 5

Verbinde die Fragen mit der jeweils passenden Textstelle. Die Textstelle beantwortet die Frage.

Frage	Textstelle
Wodurch erfährt Stefan von dem Schatz?	Er vergrub die Truhe im Wald unter einer alten Tanne.
Wann wurde der Schatz vergraben?	„Würdest du die Truhe für mich suchen?", fragt Opa.
Woraus besteht der Schatz?	Vor vielen Jahrzehnten nahm er einen Spaten und ging hinaus.
Wo ist der Schatz vergraben?	In die Truhe legte Opa alles, was ihm wichtig war.
Warum erzählt Opa seinem Enkel von dem Schatz?	Flüsternd erzählt Opa, dass er einen Schatz vergraben hat.

Weiterüben: www.deutschpirat.de · Benutzername: deutsch3-900, Passwort: schreibfit

ÜBUNG 2

PUNKTE 4

Schreibe die W-Fragen zu ihren Antworten.

Wer? Wohin? Wann? Wie?

Alles begann im letzten Winter. ....

Tamara packte ihre Schlittschuhe ein. ....

Sie wollte mit ihrer Freundin zur Eislaufhalle. ....

Ihre Mutter hatte versprochen, die beiden zu fahren. ....

ÜBUNG 3

PUNKTE 5

Kreuze alle Fragen an, die sich durch den Text beantworten lassen.

Piraten-Joe warf den Anker. Endlich mal wieder an Land! Nach über einem Jahr auf hoher See freuten sich die Piraten wie kleine Kinder. „Fünf Tage kein Wasser, keine Wellen und endlich mal wieder frisches Essen!", schwärmte Piraten-Joe. Als der Piratenhauptmann sah, dass der Großteil seiner Piraten sich auf den Weg zur Hafenkneipe machte, rief er ihnen noch nach: „Fangt bloß keinen Streit an! Und werft euer Geld nicht zum Fenster raus!" Doch die Piraten hörten ihn schon nicht mehr.

❑ Wie lange bleiben die Piraten an Land?
❑ Warum gehen die Piraten an Land?
❑ Wer wirft den Anker?
❑ Worauf freuen sich die Piraten?
❑ Wie viele Piraten sind es?

Lösungsheft S. 33 Gesamtpunktzahl: PUNKTE 14 Erreichte Punktzahl:

Wer sagt was?

Erzählende Texte beinhalten in der Regel viel **wörtliche (direkte) Rede**. Da muss man manchmal schon ganz genau aufpassen, wer nun gerade was sagt. Doch für das Verstehen der Texte ist es wichtig, die wörtliche Rede richtig zuzuordnen.

ÜBUNG 1

PUNKTE 2

Wer sagt was? Schreibe die Begriffe an die richtige Stelle.

Stier Pferd

Ein Junge flog einst auf einem feurigen Pferd daher.

Da kam ein wilder Stier dazu. „So eine Schande! Von einem kleinen Jungen würde ich mir nichts befehlen lassen!" ....

„Aber ich", erwiderte das andere Tier. „Denn was für eine Ehre wäre es für mich, wenn ich einen kleinen Jungen abwerfen würde?" ....

Weiterüben: www.deutschpirat.de · Benutzername: deutsch3-900, Passwort: schreibfit

ÜBUNG 2

PUNKTE 8

Wer sagt was? Schreibe in die Lücken.

Ein Fuchs versuchte lange vergeblich, an eine Traube zu kommen, die hoch oben hing. „Ich will sie überhaupt nicht. Die Traube ist ja doch sauer", sagte der .... Das hörte ein Vogel. „Sauer soll die Traube sein? So sieht sie gar nicht aus!", rief der .... Er flog hin, probierte sie und rief noch viele andere Vögel dazu. „Der Fuchs sagte, die Trauben wären sauer! Probiert sie doch auch", schrie der ....

Und so probierten alle Vögel von der Traube. Sie machten einen solchen Lärm, dass der .... schließlich dachte: „Nie wieder will ich versuchen, eine Traube zu erreichen."

ÜBUNG 3

PUNKTE 5

Wer sagt was? Entscheide dich für die richtigen Wörter und streiche die falschen Wörter durch.

Der Lehrer versucht, Carla das Rechnen beizubringen. „Sieh mal, ich schenke dir heute zwei Meerschweinchen und morgen bekommst du nochmals zwei", sagt der Lehrer | Carla. „Wie viele hast du dann?", fragt der Lehrer | Carla. „Fünf!", antwortet Carla | der Lehrer wie aus der Pistole geschossen. „Wieso denn fünf?", stöhnt der Lehrer | Carla . „Ich habe doch schon selbst ein Meerschweinchen zu Hause!", sagt Carla | der Lehrer.

Lösungsheft S. 34 Gesamtpunktzahl: PUNKTE 14 Erreichte Punktzahl:

Lesen und verstehen

Es reicht nicht aus, einen Text fehlerfrei lesen zu können - du musst auch seinen **Inhalt verstehen**. Versuche dich dafür in die Personen, um die es in dem Text geht, hineinzuversetzen. Überlege, wie du an ihrer Stelle handeln würdest und wie du ihr Verhalten findest. Lies jeden Satz genau und nicht nur oberflächlich und gehe mit der Geschichte mit. Auch kleine Wörter können eine große Bedeutung haben. Mache dir Gedanken über die Überschrift: Oft sagt diese schon viel über den Inhalt des Textes aus.

ÜBUNG 1

PUNKTE 4

Was für eine Geschichte könnte sich hinter der Überschrift *Das geheime Buch* verbergen? Kreuze die richtige Antwort an.

❏ eine lustige Geschichte
❏ eine spannende Geschichte
❏ eine traurige Geschichte
❏ eine witzige Geschichte

ÜBUNG 2

PUNKTE 4

Schreibe die passenden Adjektive (Wiewörter) in die Sätze.

neidisch	schadenfroh	verächtlich	fassungslos

„Du traust dich ja doch nicht", sagte er ....

Peter schaute .... auf Ricos neue Schuhe. „Die hätte ich auch gerne", dachte er.

„Das kann ich nicht glauben!", sagte meine Mutter ....

„Das hat sie nun davon!", dachte Lisa ....

Weiterüben: www.deutschpirat.de · Benutzername: deutsch3-900, Passwort: schreibfit

ÜBUNG 3

PUNKTE 5

Um was könnte es in der Geschichte mit der Überschrift *Der magische Sessel* gehen? Kreuze die richtge Antwort an.

- ❑ Es könnte um eine Familie gehen, die nicht weiß, wie sie ihr Wohnzimmer einrichten soll.
- ❑ Es könnte um einen Mann gehen, der noch die Kunst beherrscht, Sessel herzustellen.
- ❑ Es könnte um eine Katze gehen, die am liebsten auf dem Sessel schläft.
- ❑ Es könnte um eine Couchgarnitur gehen, die sich über einen Sessel beschwert.
- ❑ Es könnte um einen Sessel gehen, mit dem man auf Zeitreisen gehen kann.

ÜBUNG 4

PUNKTE 5

Hier folgen einige Bauernweisheiten. Lies alle Satzteile aufmerksam durch und verbinde die passenden miteinander.

1. Satzteil	2. Satzteil
Je kleiner das Dorf,	wird er wohl im Stalle stehen.
Wo der Wirt vor der Tür steht,	hat sie der Bauer wohl vergessen.
Haben die Kühe nichts zu fressen,	desto bissiger die Hunde.
Verliert der Bauer seine Hose,	da sind nicht viele Gäste.
Ist der Bauer nicht zu sehen,	war bestimmt das Gummi lose.

10 ABSCHLUSSTEST

Überprüfe, was du gelernt hast

In diesem Abschlusstest kannst du die wichtigsten Themen aus dem Buch noch mal üben. Dein Ergebnis zeigt dir, wie gut du inzwischen schon geworden bist und bei welchen Themen es vielleicht noch hapert.

ÜBUNG 1

PUNKTE 7

Von den zusammengesetzten Namenwörtern fehlt ein Teil. Schreibe den passenden Wortteil (in Groß- und Kleinbuchstaben) in die Lücke.

BALLONS	BANK	KINDER	SEIFEN
SOMMER	TAG	WAFFEL	

Endlich ....ferien! Genüsslich beißt Timo in seine Eis....................

Er sitzt auf einer Park..............., neben ihm hat sich eine Mutter mit einem

.......................wagen niedergelassen.

Ein kleines Mädchen pustet ....blasen in die Luft und über ihm

steigen bunte Luft....................... auf.

Es gibt nichts Schöneres als den ersten Ferien..........!

ÜBUNG 2

PUNKTE 5

Welche Überschriften machen neugierig auf das Lesen einer Geschichte und sind deshalb gut geeignet?

- ❑ Die geheimnisvolle Botschaft
- ❑ Nachts im Park
- ❑ Ausflug mit Hindernissen
- ❑ Der Wandertag
- ❑ In den Sommerferien

ÜBUNG 3

PUNKTE 8

Hier folgt ein Bericht. Setze die passenden Verben (Tunwörter) im *Präteritum* (in der Vergangenheit) in die Lücken ein.

entgegenkommen	ereignen	erleiden	erschrecken
fahren	tragen	umkippen	verlieren

Am gestrigen Montag .... sich ein kleiner Unfall auf der Hauptstraße. Ein neunjähriger Junge .... auf seinem Waveboard auf dem Gehweg, als ihm ein Hundehalter mit seinem Schäferhund .... Der Junge .... und .... die Kontrolle über sein Waveboard. Er klammerte sich an eine Mülltonne, die allerdings .... Da der Junge eine Schutzausrüstung .... , ... er nur leichte Verletzungen.

ÜBUNG 4

PUNKTE 8

Sortiere die Wörter nach Wortfamilien.

schreien vor Freude	jauchzen	bedrückt	mutlos
Misserfolg	Schwein gehabt	Niederlage	freudestrahlend

Glück	Enttäuschung
....	....
....	....
....	....
....	....

ÜBUNG 5

Punkte 5

Welche Sätze stimmen für die *Nacherzählung*? Kreuze an.

❏ Sie fasst einen Text zusammen.
❏ Sie soll so kurz wie möglich sein.
❏ Sie gibt eine Geschichte in eigenen Worten wieder.
❏ Sie wird in der Gegenwart geschrieben.
❏ Sie wird in der Vergangenheit geschrieben.

ÜBUNG 6

Punkte 4

Was ist es? Schreibe die Begriffe hinter die Teile des Briefes.

Hauptstadt, 1.01.2013 ....

Hallo Clara, ...

ich hoffe, es geht dir gut. Ich finde es so schade, dass du weggezogen bist. Jetzt können wir gar nicht mehr zusammen spielen. Hast du dich in deiner neuen Stadt schon eingelebt? Auf jeden Fall wünsche ich dir alles Gute für das neue Jahr. Hoffentlich sehen wir uns bald mal wieder. ....

Allerliebste Grüße ....
Alisa

ÜBUNG 7

Punkte 4

Ordne die Beispiele den Märchenmerkmalen zu, indem du sie verbindest.

Merkmale	Beispiele
Böse Wesen	Stiefmutter stirbt, Schneewittchen heiratet Königssohn
Gute Wesen	Und wenn sie nicht gestorben sind, dann leben sie noch heute.
Das Gute gewinnt	Schneewittchen, Zwerge, Königssohn
Schlusssatz immer gleich	Stiefmutter

ÜBUNG 8

PUNKTE 3

Gliedere den Text in drei Abschnitte. Markiere den ersten gelb, den zweiten blau und den dritten rot.

Das älteste Fahrrad wurde 1817 zum Patent angemeldet. Die sogenannte Laufmaschine wurde von Karl Drais entwickelt. Später nannte man sie Draisine. Sie war aus Holz und hatte noch keinen beweglichen Lenker. Heute unterscheidet man verschiedene Fahrradtypen. So kennen wir zum Beispiel das Tourenrad, das Rennrad oder das Mountainbike.
Wenn man mit dem Rad am Straßenverkehr teilnimmt, muss man sich nach der Straßenverkehrsordnung richten. Sie besagt zum Beispiel, dass Fahrräder zwei Bremsen haben müssen, eine Klingel sowie einen weißen Scheinwerfer und eine rote Schlussleuchte.

AUSWERTUNG ABSCHLUSSTEST

Gesamtpunktzahl: PUNKTE 44 Erreichte Punktzahl: Lösungsheft S. 36/37

0-20 Punkte: Hoppla! Da hast du wohl einen schlechten Tag erwischt oder du hast wirklich noch große Lücken. Ein Tipp: Bitte deine Eltern, dass sie dich bei www.deutschpirat.de anmelden. Da kannst du gleich weiterüben und Punkte und Urkunden sammeln!

21-37 Punkte: Hmm - nicht schlecht, aber das kannst du bestimmt noch besser! Wenn dich deine Eltern bei www.deutschpirat.de anmelden, kannst du ganz genau die Themen üben, in denen du noch nicht so gut bist. Und Punkte und Urkunden gibt es auch!

38-44 Punkte: Tolle Leistung! Du beherrschst den Deutsch-Lernstoff der 3. Klasse schon sehr gut. Bleib weiterhin am Ball! Und wenn du dich mit den Deutsch-Champions in ganz Deutschland vergleichen willst, kannst du bei www.deutschpirat.de viele Punkte sammeln.

Register

Bildnachweis

Fotolia.com: S. 7 © doris oberfrank-list; S. 11 © ninell; S. 16 © Gennadiy Poznyakov; S. 22 © Carola Schubbel; S. 23 © Carola Schubbel; S. 30 o. © mahey; S. 30 u. © Tyler Olson; S. 32 © S.Kobold; S. 33 © Jan Jansen; S. 37 © tomreichner; S. 39 © es0lex; S. 41 © Patryk Kosmider; S. 43 © apops; S. 47 © Maksim Kostenko; S. 48 © auremar; S. 55 © tournee; S. 57 © Eric Isselée; S. 58 © ReinhardT; S. 59 o. © Smileus; S. 59 u. © Lucky Dragon; S. 60 © Uwe Bumann; S. 64 © Hamik; S. 68 © typomaniac; S. 70 © Viktoria Makarova

Shutterstock.com: S. 45 © LianeM; S. 50 © Mr. SUTTIPON YAKHAM; S. 51 © Tomas1111

Mit den Piraten auf Erfolgskurs!

Online noch besser trainieren

- Piratenstarke Online-Übungen
- Lernstoff für die Klasse 3 bis 7 individuell trainieren und langfristig festigen
- Punkte sammeln, Ranking erhalten, persönliche Urkunden ausdrucken

Comenius EduMedia Siegel 2012
Gesellschaft für Pädagogik und Information e.V. • Für exemplarische Bildungsmedien •

www.deutschpirat.de
www.englischpirat.de

In Kooperation mit dem erfolgreichen Lernportal www.mathepirat.de

Die Piraten-Portale www.deutschpirat.de und www.englischpirat.de wurden als pädagogisch, inhaltlich und gestalterisch herausragende Bildungsmedien mit dem Comenius-Edu-Media-Siegel 2012 ausgezeichnet.

L

Langenscheidt